LA PSICOLOGÍA DE LA GESTALT

Cómo sacar provecho de la mente humana

Por Nicolas Crombez
En colaboración con Anne-Christine Cadiat
Traducido por Laura Bernal Martín

Economía y empresa   en50MINUTOS.es

LAS CLAVES PARA EL ÉXITO

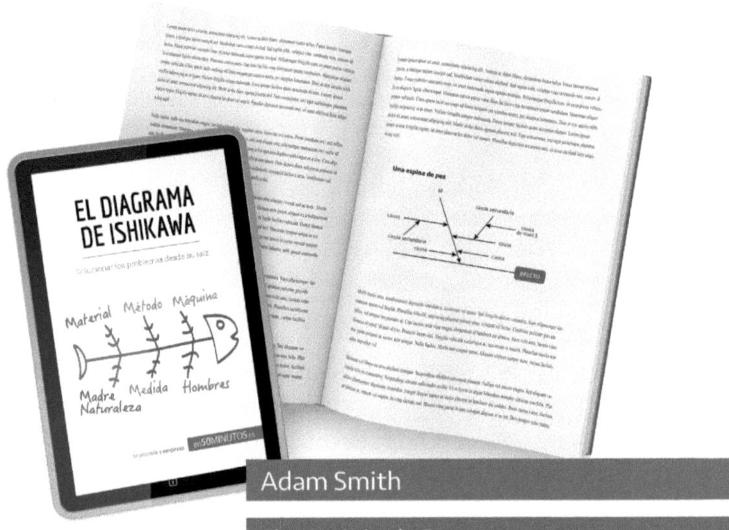

- Adam Smith
- El principio de Pareto
- El estrés laboral
- La pirámide de Maslow

LA PSICOLOGÍA DE LA GESTALT

DATOS CLAVE

- **¿Denominaciones?** Psicología de la Gestalt, teoría de la Gestalt, psicología de la forma, teoría de la forma.
- **¿Utilidad?** La teoría se utiliza en el ámbito de la psicología, de la educación, de los servicios sociales, en gestión de empresas, en el sector industrial y en la filosofía.
- **¿Por qué es eficaz?** Se basa en el funcionamiento del cerebro humano.
- **¿Palabras clave?** Gestalt, psicología de la forma, teoría de la forma, percepción, fondo y forma, Max Wertheimer, Kurt Koffka, Wolfgang Köhler, psicoanálisis.

INTRODUCCIÓN

¿Has imaginado alguna vez una forma completa cuando solo se te han mostrado una parte de la misma? ¿No te sorprenden las proyecciones que tu cerebro es capaz de realizar? Gracias a la psicología de la Gestalt, vamos a intentar comprender un poco mejor como funciona nuestra mente.

HISTORIA

El origen de la teoría de la Gestalt se remonta a antes de principios del siglo XX, si bien se hizo conocida a través de los trabajos de los psicólogos alemanes de la escuela de Berlín –posteriormente llamada «escuela de la Gestalt»– Max Wertheimer (1880-1943), Kurt Koffka (1886-1941) y Wolfgang Köhler (1887-1967). En realidad, el primer «concepto de forma» lo desarrolló Christian von Ehrenfels (filósofo austríaco, 1859-1932) en su artículo de 1890 «Über Gestaltqualitäten» (traducido por «Sobre las cualidades de la forma»). Más adelante, algunos psicólogos (principalmente los de la escuela de Graz) y autores contribuyeron al enriquecimiento de los conocimientos, permitiendo la creación del modelo pluridisciplinar que conocemos hoy en día. No obstante, habrá que esperar a los años setenta y a la búsqueda mundial de nuevos valores para verla convertida en una corriente célebre.

¿SABÍAS QUE...?

La palabra *Gestalt* («individuo») es un término alemán que en este contexto no se puede tomar de forma literal. Deriva del verbo *gestalten*, que se traduce por «formar» o «dar una estructura significativa».

DEFINICIÓN DEL MODELO

En su función original, la teoría de la Gestalt se emplea en psicología en terapias individuales, en pareja o en todo tipo de grupos: incita a cada individuo a darse cuenta de las contradicciones que viven en su interior para poder reducirlas al máximo. Con el paso del tiempo, estos principios se han extendido a las escuelas, a los hospitales especializados, a empresas y a muchos otros ámbitos. La psicología de la Gestalt insiste sobre la capacidad que posee nuestro cerebro para percibir los objetos o los acontecimientos en su globalidad. De esta forma, el todo es mayor que la suma de sus partes.

En este análisis nos centraremos en el impacto de esta teoría en la economía y, más en concreto, en el marketing y en el liderazgo. En estos ámbitos, el gestaltismo permite principalmente alcanzar una plenitud personal superior, reforzar las relaciones humanas mediante la gestión de conflictos y estimular la creatividad.

TEORÍA Y PRESENTACIÓN DEL CONCEPTO

EN PSICOLOGÍA

El planteamiento inicial puede resumirse en una frase muy sencilla: el todo es mayor que la suma de sus partes.

No percibimos los objetos o los acontecimientos aprendiendo a interpretar nuestras emociones, sino gracias a la evolución, que nos permite ver en tres dimensiones bajo algunas condiciones. Por ello, para los gestaltistas, percibimos las cosas (objetos, conceptos y acontecimientos) globalmente y no detalladamente. El conjunto es por tanto diferente a la suma de sus partes, y se ve antes que estos. Para ilustrarlo, pensemos en la música: la escuchamos en su totalidad y no de forma individual, nota por nota.

Un segundo principio crucial estipula que una parte de un todo es diferente que esa misma parte en otro todo. Tomemos como ejemplo las lágrimas, que no significan lo mismo en una boda o en un entierro.

Los principios fundamentales de la Gestalt que sirven como ejemplo de la cuestión de la percepción son los siguientes:

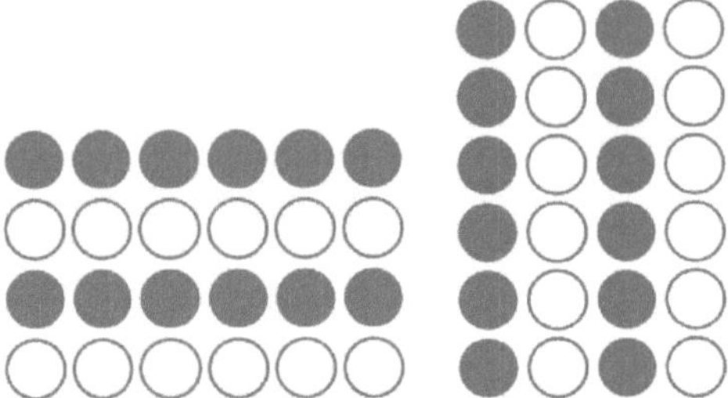

- **El principio de semejanza.** Se trata de nuestra tendencia a agrupar los elementos que tengan características similares (forma, color, etc.) para extraer una forma o un mensaje. Por ello, percibimos mejor las líneas horizontales de la forma de la izquierda, y las líneas verticales de la de la derecha.

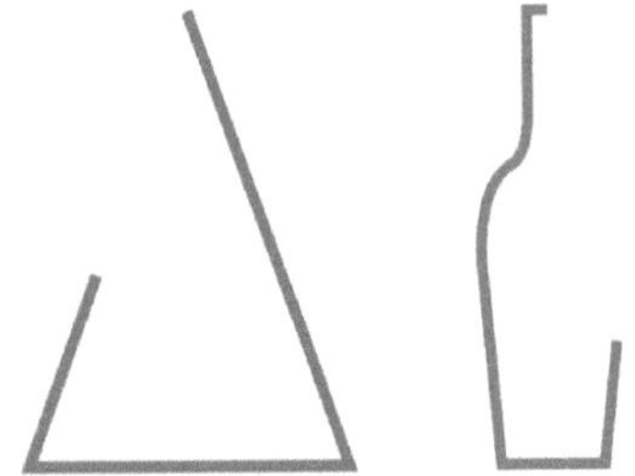

- **El principio de cerramiento.** Una forma cerrada es más comprensible que una forma abierta. Tenemos tendencia a rellenar vacíos para ver una forma. En la figura, ninguno de los dibujos está acabado, pero ¿acaso no se ve un triángulo y una botella?

El principio de proximidad

- **El principio de proximidad**. Se refiere a la tendencia de agrupar elementos próximos los unos de los otros. Pruébalo: la mayor parte de la gente verá dos grupos de figuras bien diferenciadas y no seis figuras.

El principio de buena forma o pregnancia

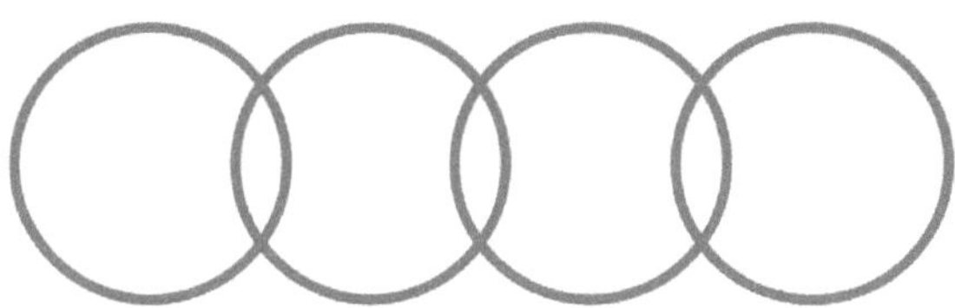

- **El principio de buena forma o pregnancia**. Se trata de la tendencia a agrupar elementos independientes para crear una forma simple y completa. Para ello, filtramos una parte de la información que percibimos, lo que hace que nuestra forma de percibir el todo cambie. La mayoría de la gente verá el logo del automóvil Audi y no una forma geométrica cualquiera. ¿Y tú?

El principio de continuidad

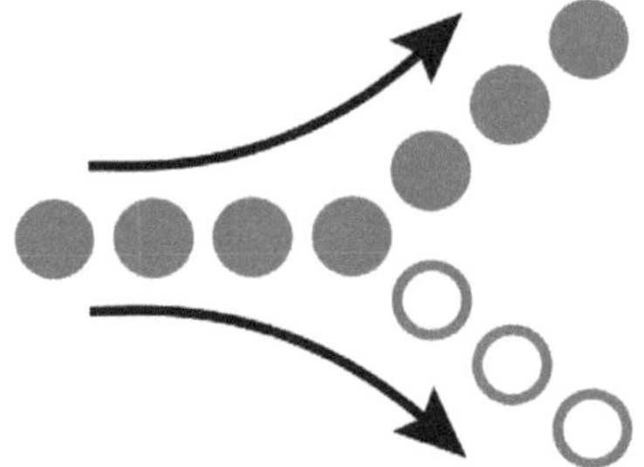

- **El principio de continuidad**. Se refiere a la tendencia a percibir los elementos orientados de manera similar como si fueran una continuación los unos de los otros y a percibir una forma única. En nuestro ejemplo, veremos los tres últimos puntos que van hacia abajo o los que van hacia arriba como una continuidad de los cuatro primeros puntos.

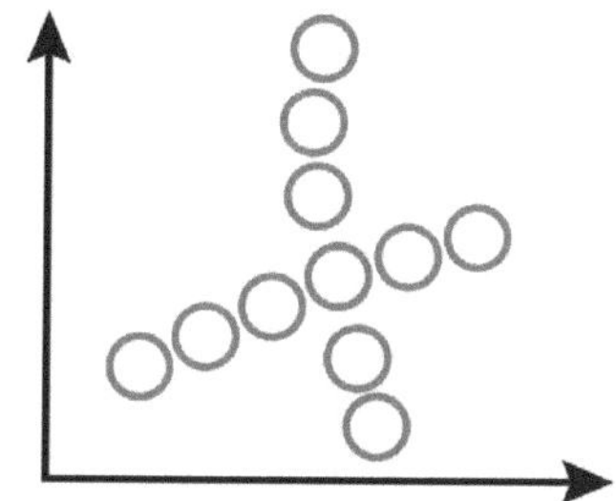

- **El principio de destino común.** Es la tendencia a concebir las partes en movimiento que tienen una misma trayectoria como una misma y única forma. De esta forma, en el ejemplo veremos una línea con tendencia horizontal y otra más vertical.

Todo esto nos enseña que para comprender un comportamiento o una situación lo mejor posible es indispensable analizarlo, tomar distancia, sintetizarlo y contextualizarlo. Por supuesto, la psicología de la Gestalt no se resume únicamente en un tratamiento psicológico, sino que es un razonamiento ampliamente compartido por la mayor parte de la gente.

EN MARKETING

El marketing está cada vez más presente en nuestra vida y también se ha aprovechado de los diferentes principios de la psicología de la Gestalt. En realidad, para convencer a un consumidor de que compre un producto o un servicio, es primordial que perciba, comprenda y retenga el mensaje publicitario. Los principios que acabamos de enumerar nos ayudan a entender cómo funciona la percepción visual de los consumidores y por qué ciertos grupos de elementos gozan de una mejor imagen. Mediante la aplicación de algunos de estos principios, los profesionales del marketing consiguen influir en la forma de pensar y, por consecuencia, en el comportamiento de los consumidores. Para ello, los publicistas y los expertos en marketing juegan con nuestros sentidos:

- la vista, mediante el uso de colores, de formas, etc.;
- el oído, mediante el uso de sonidos, de música, etc.;
- el olfato, mediante el uso de olores, de perfumes, etc.;
- el gusto, mediante el uso de aromas, de sabores, etc.;
- el tacto, mediante el uso de texturas, etc.

Planteamiento: la publicidad se percibe como un todo y no como una suma de varios elementos.

Los principales objetivos de la psicología de la Gestalt en marketing son crear medios eficaces para empujar a la compra, hacer pasar un mensaje de la forma más eficaz posible y valorar cuál es la forma de distribución más rentable.

Analicemos casos concretos en los que se aplican los principios de la Gestalt. Estos pueden darse en múltiples ámbitos, como el diseño de páginas web, la elaboración de carteles publicitarios, la creación de logos, etc. Para todos estos ejemplos, es necesario concebir el mensaje como un todo y no solo como una suma de distintas partes. Los detalles, evidentemente, tienen importancia en la creación de un logo, de una página web, etc., pero solo por la manera en que contribuyen al todo.

- Principio de proximidad: en marketing y e-marketing, jugamos con la distancia para crear un contexto e influir de esta forma en la comprensión del mensaje. Si este se comprende correctamente, será susceptible de atraer a más consumidores. A continuación podemos ver un ejemplo de logo de una empresa dedicada a la explotación de peras: el diseñador juega con la proximidad de las mismas para crear una forma de pera.

Logo de una empresa agroalimentaria

- Principio de cerramiento: cuando un mensaje o un logo se encuentra delimitado, está más definido y se comprende mejor. De esta forma, en un periódico en papel la publicidad estará bien delimitada para que el lector lo vea con claridad y pueda diferenciarlo del anuncio de un competidor. No obstante, hay ciertos logos que no están cerrados: el famoso oso panda de WWF constituye un bien ejemplo. Con todo, no hay de qué preocuparse, ¡nuestro cerebro se encarga de todo! Cierra automáticamente los elementos abiertos para ofrecernos una imagen clara de lo que se representa.

Logo de WWF

- Principios de destino común y de continuidad: el hecho de ver diferentes elementos que van en un mismo sentido da una impresión de dinamismo. Esta disposición de las formas capta la atención del consumidor y aumenta las posibilidades de verse atraído por el objeto anunciado en la publicidad. En nuestro ejemplo, el conjunto de puntos está ordenado y sigue una misma dirección, lo que le da sensación de movimiento. Este logo responde perfecta-mente al tema del anuncio, puesto que se trata de una campeonato de ciclismo.

Logo de Melbourne 2010 Cycling

Resulta habitual encontrar que varios de estos principios se utilizan a la vez para aumentar el atractivo de la publicidad.

Como conclusión cabe afirmar que los publicistas han sabido comprender la importancia de la percepción y las consecuencias que tiene en la atención de los clientes. Estos especialistas del marketing juegan con numerosos sentidos para despertar a nuestro cerebro e influir en nuestros comportamientos. El marketing no es una ciencia completa, sino una disciplina que se apoya en diversos ámbitos, como la psicología y la teoría de la Gestalt.

EN LIDERAZGO

En un mundo en perpetuo movimiento en el que lo único constante es el cambio, los líderes deben adaptarse, principalmente valiéndose de su creatividad y de su inspiración. La empresa puede definirse como un conjunto de actividades y de elementos que tienen que estar ligados los unos con los otros para que sea rentable y competente. La psicología de la Gestalt aplicada al liderazgo surge precisamente en este contexto, en el que los líderes deben lograr objetivos cada vez mayores limitando los costes.

Planteamiento: cada trabajador debe considerarse como un todo y no solo como una herramienta de trabajo al servicio de la empresa.

Dado que el empleado, su profesión y su empresa son elementos relacionados y que ejercen una influencia los unos sobre los otros, no se puede establecer una diferencia entre los mismos. Pongamos como ejemplo la personalidad, que aparecerá inevitablemente en el trabajo y hará que este sea único. Por lo tanto, es importante desarrollar sinergias entre el personal y sus actividades y no hacer una diferencia entre sus aspectos motores, sensoriales y cognitivos.

Los principios más importantes de la Gestalt aplicada al liderazgo son los siguientes:

- hay que considerar a todos los trabajadores en su conjunto mediante la relación que establecen con ellos mismos y con los otros. Así, es necesario considerar todo su contexto (su familia, su personalidad, su trabajo, etc.) y comprender la manera en que cada elemento tiene influencia en los demás;
- deben ser conscientes de que han elegido libremente su empresa, del trabajo que realizan en la misma y de la forma en que lo hacen. Cuando a un trabajador le gusta su empresa, lo que hace y la manera en que estructura su vida hacen que nazcan nuevas oportunidades. El estilo de liderazgo permitirá que todos puedan alcanzar esta plena

conciencia;

- todos somos capaces de hacer más, de hacerlo mejor o de ser creativos al disminuir los obstáculos que hay en nosotros mismos o que nos encontramos ante nosotros. Para conseguirlo, basta ser consciente de las posibilidades que se tienen, y es el líder el que tiene que dirigirnos a esta toma de conciencia;
- hay que tener en cuenta tres tipos de conciencia: la conciencia de los otros, la conciencia de nosotros mismos y la conciencia de los vínculos entre nosotros y los demás;
- la fuerza motora de los humanos y de sus comportamientos es la autorrealización. Todo el mundo quiere que realizar acciones que le proporcionen satisfacción. Por ello, es importante que el líder haga que los valores de los trabajadores y los de la empresa se correspondan;
- los líderes no tienen que analizar o explicar, sino describir y dejar que las cosas hablen por sí solas;
- el estilo de liderazgo debe permitir que cada uno sea responsable de sus actos, de sus palabras, de su trabajo, etc.;
- el líder otorga poder y guía a los trabajadores, pero la toma de decisiones le corresponde a los equipos;
- los conflictos, las tensiones y las resistencias son fuerzas que pueden ser utilizadas para impulsar un grupo. El líder debe subrayar las diferencias.

Impregnándose de la psicología de la Gestalt, los líderes toman en cuenta los aspectos interpersonales e intrapersonales de los grupos. El objetivo es crear una interrelación para que los trabajadores disfruten de una energía individual y de una energía de grupo. Para ello, el liderazgo o el líder debe ayudar a los trabajadores a ser conscientes de su condición y darles responsabilidades. De esta manera, todos disfrutarán de una mejor atención en todas las situaciones y verán cómo están ligados a ellos mismos, a los otros y al mundo.

Pero, ¿qué capacidades debe tener el líder? Este debe:

- ser consciente de la multiplicidad de personalidades, estar centrado en las personas y ser dinámico;
- tener una visión global de la empresa para identificar los elementos de estrés, las presiones sociales que afectan al grupo, etc.;
- demostrar capacidad para motivar, influir y desarrollar a cada individuo;
- ser abierto y capaz de trabajar en grupo;
- ser un buen consejero, alguien que facilita las cosas y que está abierto a la complejidad de las relaciones.

Sus tareas son:

- maximizar el potencial y la competitividad de su grupo;
- ayudar a los otros a emanciparse, autogestionarse y a alcanzar un pleno desarrollo;
- explotar el potencial de los empleados para que sean autónomos;
- modelar los comportamientos, las actitudes y los valores de los trabajadores.

LÍMITES DEL MODELO Y EXTENSIONES

LÍMITES Y CRÍTICAS DEL MODELO

En marketing

Si un producto cambia (por ejemplo, si se añaden elementos nuevos al producto de base), la percepción de los consumidores también se modifica. Como consecuencia, la campaña de marketing deberá probablemente cambiarse y la aplicación de los principios de la Gestalt deberá ser reconsiderada para corresponder con el nuevo objetivo.

Los diferentes principios pueden contradecirse. Las formas imposibles, como el triángulo de Penrose, son ejemplos perfectos de esta potencial contradicción. En este caso, nuestro cerebro se encuentra confundido ante tanta complejidad y nuestra visión habitualmente simplista se altera.

El triángulo de Penrose

Es primordial que los consumidores no confundan una

marca con la de la competencia. Por lo tanto, la creación de logos o de otros símbolos no puede ser demasiado simplista, a pesar de que esto permita que los clientes perciban rápidamente el producto.

La publicidad pierde información al jugar con los sentidos y al intentar atraer al consumidor. Por ello, es necesario encontrar un equilibrio entre los aspectos visuales y la información que contiene el mensaje.

Hay que procurar no crear una sobrecarga sensorial. Esto sucede cuando un cliente potencial se expone a demasiados estímulos que provocan que no pueda tratar toda la información.

Los elementos utilizados (color, efecto de contraste, etc.) no influyen al 100% en las elecciones. En realidad, los estímulos se interpretan dependiendo de las experiencias personales, de las necesidades y de las expectativas de los clientes.

Es importante que el eventual comprador no se sienta manipulado y que aprecie los estímulos utilizados, ya que de otra forma la publicidad se arriesga a perder eficacia.

¿SABÍAS QUE...?

En marketing, el objetivo es el público al que la empresa aspira. A menudo es recomendable centrarse en un segmento de la población e intentar responder a las necesidades del mismo.

En liderazgo

Al considerar al trabajador en su totalidad y al tener en cuenta el conjunto de relaciones que cultiva, el rendimiento podría disminuir si entraran en juego elementos externos a la vida profesional.

Los principios de la Gestalt no permiten cambiar la personalidad o las aptitudes profesionales de las que parten los empleados.

Si al empleado no le gusta la empresa o lo que hace, no podrá ser eficaz. La psicología de la Gestalt no propone un remedio para una situación así.

A pesar de su capacidad para impulsar al grupo, los conflictos también pueden crear tensiones y disminuir la productividad.

EXTENSIONES Y MODELOS RELACIONADOS

En marketing

El marketing sensorial es un ejemplo de modelo relacionado a la psicología de la Gestalt. En este caso en concreto, se supone que existe una relación entre la atmósfera del punto de venta y las decisiones de compra. Al igual que en nuestro modelo gestáltico, se utilizan los cinco sentidos para atraer al consumidor y fidelizarlo. Los teóricos del marketing sensorial ven el punto de venta como un todo (música, olor, etc.) cuyo objetivo es influir en nuestra percepción.

En liderazgo

Las empresas y otras organizaciones emplean otros conceptos de liderazgo además del desarrollado en este análisis. Estos son algunos de ellos:

- el **liderazgo autoritario o coercitivo**. El líder impone las cosas sin explicar la visión global y sin tener en cuenta la opinión y la motivación de los trabajadores. El resultado de este modelo suele ser negativo, ya que disminuye la motivación del grupo, que no se ve ni reconocido ni implicado en los objetivos que hay que alcanzar;
- el **liderazgo democrático o participador**. El líder tiene en cuenta la opinión de cada uno y percibe el grupo como superior a la suma de los individuos. Dos prácticas prioritarias en este tipo de liderazgo son el trabajo en equipo y el desarrollo personal;
- el **liderazgo de coaching o capacitador**. El líder se concentra en las personas e intenta desarrollar sus fortalezas mediante la disminución de sus debilidades. Como consecuencia, todos sienten que se les toma en cuenta y que reciben apoyo y, en consecuencia, el trabajo resulta más eficaz.

APLICACIÓN DEL CONCEPTO

CONSEJOS Y BUENAS PRÁCTICAS

En marketing

Para poder utilizar los principios de la Gestalt en cualquier campaña de marketing, es obligatorio pasar por las tres etapas del mismo: la segmentación del mercado, la selección del mercado meta y el posicionamiento en el mercado. Sin ello, tu publicidad se arriesga a no atraer a nadie y a no diferenciarse de las demás.

La segmentación le permite a una empresa dividir el mercado en el que opera en grupos homogéneos de clientes potenciales (homogeneidad intrasegmental). Estos diferentes segmentos de mercado presentan características distintas (heterogeneidad intersegmental). A continuación, la empresa selecciona uno o varios segmentos meta sobre el/los cual/es realiza su *core business* (actividad principal de la empresa). En caso contrario, los segmentos serían demasiado numerosos, estarían demasiado dispersados y responderían a expectativas o a comportamientos de compra demasiado diferentes como para poder alcanzarlos. Por tanto, la segmentación sirve para identificar los criterios pertinentes que permitirán más adelante seleccionar con mayor facilidad la clientela meta.

A continuación llega el turno de la selección del mercado meta. Seleccionar a los consumidores pasa por seleccionar los elementos de nuestra segmentación que nos parezcan los más pertinentes. Después de haber seleccionado una parte de la población, los publicistas pueden concebir su estrategia comunicativa. El uso de principios como la proximidad o la semejanza debe, por lo tanto, plantearse en función del público al que se dirige el mensaje. En realidad, la comprensión –y por tanto la percepción– depende de numerosos factores como la edad, el sexo, etc. Por ejemplo, un anuncio destinado a niños no tendrá los mismos elementos que uno destinado a adultos. De esta forma, un póster para niños será a menudo más colorido que otro destinado a un público más adulto.

Finalmente, es imposible para una marca imponerse en un mercado con un producto que se parece al de sus competidores. Por ello, definir un posicionamiento es indispensable para lograr que su propuesta se diferencie y se relacione con su producto. El posicionamiento está relacionado, evidentemente, con las características del producto (por ejemplo, jugar con el diseño o la facilidad de uso de un bien) pero también con la publicidad. Es en este contexto en el que intervienen los principios de la Gestalt desarrollados anteriormente. Una vez se ha decidido el posicionamiento de la marca, los publicistas y los profesionales del marketing pueden ocuparse del mensaje que quieren transmitir. Este podrá jugar con efectos, como en el principio de destino común, o podrá ser muy simple. Por ejemplo, un anuncio que quiera jugar con las emociones manipulará elementos fundamentales para que el producto le llegue al consumidor sin que este tenga que reflexionar.

Así, el uso de los principios de la Gestalt en marketing depende de numerosos factores como la población meta, el posicionamiento elegido y el tipo de producto.

Además, para explotar al máximo la psicología de la Gestalt en marketing es conveniente partir del punto de vista de los consumidores y comprender su forma de tratar la información. El proceso de tratamiento de la información puede dividirse en cinco fases:

1. la exposición/percepción. La exposición tiene lugar en caso de proximidad física a un elemento, lo que permite que se activen uno o varios sentidos. La percepción dependerá sobre todo del estímulo empleado (colores vivos o neutros, música alegre o tranquila, etc.). La percepción debe ser el punto de salida de la estrategia;
2. la atención. El color, los contrastes, etc., influyen en la atención que el consumidor le dedica a un anuncio;
3. la comprensión. Se ve influida, entre otros, por estímulos como el tamaño o el color del objeto;
4. la aceptación. El mensaje puede ser rechazado o aceptado dependiendo de si se considera que la información es útil, pertinente, acorde con unos valores, etc. La aceptación depende del efecto de persuasión del estímulo y de su capacidad de influir en las respuestas cognitivas y afectivas;
5. la retención. Es el objetivo último de toda campaña de marketing. Sucede cuando el consumidor guarda la información en su memoria para utilizarla después. Se pueden utilizar diversas técnicas para que el consumidor se acuerde del producto, como estímulos fácilmente reconocibles.

La comprensión de las distintas etapas permite a los profesionales potenciar ciertos mensajes, colores, etc., en función del objetivo al que se pretenda. Por lo tanto, resulta útil entender lo que pasa por la cabeza del cliente para esperar poder influir en sus decisiones.

En liderazgo

El líder debe esforzarse por desarrollar una visión global de la vida y de su empresa. Debe ser capaz de comprender los factores de estrés, de reconocer las presiones sociales que afectan las relaciones entre sus empleados, de tener una visión clara de la actividad para mejorar la rentabilidad del grupo, de tolerar la incertidumbre, etc. Según el psicoterapeuta Paul Barber, la psicología de la Gestalt puede ayudar al desarrollo de la inteligencia social, sensorial, emocional, imaginativa y personal. A continuación enumeramos algunas sugerencias para los líderes:

- desarrollar la inteligencia sensorial (mejorar la observación y la escucha) al:
  - mostrarse sensible hacia el entorno físico y hacia sus trabajadores;
  - concentrarse en la empresa y en el comportamiento de los trabajadores;
  - comprender las necesidades humanas y saber responder a las mismas.
- desarrollar la inteligencia social (mejorar la comunicación) al:
  - formar relaciones empleado-líder apropiadas;
  - comprender la cultura de la empresa, el papel que desempeña y las dinámicas de grupo;
  - elegir, debatir e implantar estrategias adaptadas.
- desarrollar la inteligencia emocional (mejorar el coaching

y los consejos) al:

- determinar los modelos históricos y los problemas emocionales que rigen la vida de la organización;
- comprender las necesidades emocionales de uno mismo, de los demás, del equipo y de la empresa;
- resolver los problemas personales entre los empleados, el equipo y la empresa;
- solucionar los bloqueos emocionales y los problemas atravesados.

- desarrollar la inteligencia imaginativa (mejorar la reflexión y la visión de las cosas) al:
  - darse cuenta de su propio potencial y al alentar el de los demás;
  - mostrarse auténtico y abierto a lo desconocido;
  - valorarse a uno mismo y a los demás y al trabajar por el bien común;
  - determinar la meta espiritual de la empresa, de los empleados y de los grupos.
- desarrollar la inteligencia personal (mejorar la atención y la conciencia propia) al:
  - ser consciente de sus propias inclinaciones y de sus creencias;
  - trabajar con los individuos, los grupos y la empresa;
  - potenciar las motivaciones profundas de los empleados.

Es igualmente importante que el líder aumente la conciencia de su grupo y que consiga realizar mejoras y cambios. Para hacerlo, los empleados tienen que conocerse un poco para evitar errores en la construcción del modelo. El líder puede ayudarlos al plantearles cinco preguntas muy simples:

- ¿Qué haces aquí ahora?
- ¿Cómo te sientes en este momento?
- ¿Qué necesitas ahora? ¿Buscas atención, respeto, etc.?
- ¿Qué esperas del futuro? ¿Qué prevés?
- ¿Qué evitas?

La respuesta a estas preguntas permite que los trabajadores se conozcan mejor a sí mismos, que conozcan mejor a los demás y que comprendan los vínculos que existen entre ellos y los otros. Esto resulta inevitablemente en:

- más energía y creatividad;
- menos miedo a creencias y pensamientos distorsionados;
- un uso óptimo de las diferencias, de las tensiones y de las resistencias;
- más autonomía y competencias para cada trabajador;
- un análisis más eficaz de los comportamientos personales e interpersonales;
- una mayor responsabilidad personal y del equipo.

ESTUDIO DE CASO

En marketing

Una empresa especializada en lencería fina y en prêt-à-porter, número 1 en el mercado, utiliza una imagen sensual y glamour en sus anuncios. La marca desea que se hable de ella, tanto por sus productos de belleza como por su lencería, y para ello recurre a colecciones vanguardistas y a modelos que se han hecho famosas. Esta voluntad de potenciar el lado más íntimo y seductor de la mujer se refleja en la percepción de la clientela. De esta forma, pueden surgir dos tipos de reacciones por parte de los que conozcan la marca: deseo o rechazo. Lo cierto es que no a todo el mundo le gusta la visión de la «mujer objeto» que se utiliza para vender. Sin embargo, todo es una cuestión de percepción. Si percibimos los anuncios de esta marca como degradantes y vulgares, probablemente no compremos ninguno de sus productos. Por ello, la empresa se esfuerza en trabajar sobre la visión global de sus anuncios.

Para ello, juega muchísimo con el contraste fondo-forma. En este caso, la forma se corresponde al elemento sobre el que se centra nuestra atención: la mujer. El fondo coincide con lo que se encuentra detrás de la mujer, que suele ser un decorado simplista como una pared o un diván. Por lo tanto, el contexto del anuncio es muy simple y tiene como objetivo jugar con las emociones más que ofrecer información sobre el producto. Esta simpleza le permite a nuestro cerebro percibir lo esencial, es decir, la mujer y su lado más sensual. Al hacerlo, el consumidor se pone fácilmente en el lugar de la modelo, lo que aumenta su deseo por el producto. Además, al actuar de esta manera, la marca crea una proximidad y una semejanza entre todos sus anuncios. De hecho, los elementos que se muestran hacen que las fotografías o los videoclips se parezcan: la mujer, la lencería fina y un decorado simple. Cuando un consumidor ve varios anuncios, los relaciona sistemáticamente gracias al principio de semejanza. Esto le permite tener una visión global de las campañas de marketing de la empresa y mantener un fuerte vínculo con la marca. De esta forma, las reticencias derivadas del uso de la mujer se reducen y le permiten a la empresa ganar clientes.

En resumen, la parte de nuestro ejemplo se corresponde con un anuncio y el todo con el conjunto de los anuncios. La marca utiliza la psicología de la Gestalt a la perfección y respeta su principio fundamental: el todo es más importante que la suma de sus partes.

En liderazgo

El ejemplo se encuadra en una empresa que su fundador y presidente-director general (PDG) quiere desarrollar. Para ello, busca a un profesional en el ámbito de la psicoterapia y de la práctica de la Gestalt. Si bien la mayoría de los empleados de la empresa han sido seleccionados por el PDG, que posee un gran poder político así como un control casi absoluto de la empresa, la empresa se resiente de una cierta resistencia al cambio.

El asesor y la universidad en la que trabaja parten del principio de que se puede realizar un diagnóstico de cada empresa siguiendo las siguientes etapas: sensación, conciencia, movilización de la energía, excitación, acción, contacto y retirada. Después de un análisis, parece que la firma está bloqueada entre la etapa de la conciencia y de la movilización de la energía. En este contexto, se realizan muchas reflexiones pero pocas acciones se llevan a la práctica. Además, guardarse para sí el sufrimiento y la ira es la norma en este tipo de empresas.

Por ello, se decide crear grupos de debate que reúnan a todos los trabajadores, de la dirección a los operarios. Esto se desarrolla en tres fases:

1. la aclaración. Se trata en primer lugar de hablar de los objetivos globales de la empresa, pero también del papel que debe desempeñar cada trabajador y cada grupo;
2. la observación. Esta etapa consiste en analizar cómo los objetivos se han alcanzado o no. También hay que observar los comportamientos y los sentimientos del conjunto de las personas;
3. la sesión informativa. Finalmente, es preciso encontrar soluciones a los problemas subsistentes. Por ejemplo, si los valores de un empleado no coinciden con los de la empresa, debería buscarse una solución.

Gracias a esta comunicación, se le presta mucha más atención a las necesidades de aprendizaje individual y colectivo, lo que tiene un impacto positivo en las dinámicas de grupo. Cada miembro de la empresa se siente escuchado y libre para proponer soluciones a los diversos problemas que surjan. Como consecuencia, los grupos de debate permiten aumentar la conciencia de los empleados en lo que concierne a su condición, así como afirmar los vínculos que les relacionan con los demás. Todos se muestran más motivados, más sensibles a los demás y más responsables en su forma de actuar.

Los resultados de la puesta en práctica de grupos de debate son positivos, principalmente porque se hace hincapié en el aumento de la conciencia de los individuos y en la creación de una comunidad. A menudo es más eficaz actuar de esta forma en vez de intentar cambiar directamente algo o a alguien.

EN RESUMEN

- La psicología de la Gestalt centra la atención sobre la capacidad que tiene nuestro cerebro para percibir los objetos o los acontecimientos en su globalidad. Así, el todo es superior a la suma de sus partes.
- Se suele asociar a la psicología de la Gestalt a tres personas –Max Wertheimer, Kurt Koffka y Wolfgang Köhler– aunque son muchos los que han trabajado sobre la misma.
- Esta teoría, fruto de la psicología, puede ser utilizada en numerosos ámbitos como el marketing o el liderazgo.
- En marketing, los principios de la Gestalt sirven para crear mensajes lo más eficaces posibles para aumentar las ventas y concebir una distribución rentable. Todo aquel que se base en la psicología de la Gestalt con fines publicitarios debe comprender:
  - los conceptos de segmentación del mercado, de selección del mercado meta y de posicionamiento en el mercado con el objetivo de adatar su mensaje (escrito y/o visual) a la población meta así como al posicionamiento elegido;
  - el proceso de tratamiento de la información para utilizar elementos (estímulos) que maximicen la percepción, la atención, la comprensión, la aceptación y la retención de la información por parte de los clientes.
- Los elementos (estímulos) que componen los anuncios:
  - no deben ser demasiado numerosos para que no haya riesgo de sobrecarga sensorial;
  - deben adaptarse si se modifica una característica del

producto;
  - pueden contradecirse,
  - no influencian al 100% el comportamiento de compra de los consumidores;
  - deben gustarle a los clientes para no correr el riesgo de que los rechacen.
- En liderazgo, los principios de la Gestalt tienen como objetivo:
  - maximizar el potencial de un grupo;
  - permitir que todos puedan autogestionarse y autorrealizarse;
  - hacer que los empleados ganen en autonomía;
  - modelar los comportamientos, las actitudes y los valores.
- El líder debe desarrollar:
  - su sentido de observación, su escucha, su comunicación, sus consejos, sus reflexiones, su visión de las cosas, su atención y su conciencia;
  - la conciencia de los individuos al permitir que se conozcan mejor a sí mismos.
- El rendimiento del grupo y de los individuos puede disminuir si:
  - la personalidad o las capacidades de los empleados no son buenas;
  - surge un problema en la vida no profesional de un empleado;
  - si a este no le gusta su entorno ni lo que hace;
  - los conflictos entre los miembros del grupo generan tensiones.
- Existen muchos otros tipos de liderazgo, como el liderazgo autoritario o coercitivo, el democrático o participador y

el de coaching o capacitador. En cuanto al marketing, uno de los modelos relacionados es el marketing sensorial, que considera el punto de venta como un todo.

¡Tu opinión nos interesa!
¡Deja un comentario en la página web de tu librería en línea,
y comparte tus favoritos en las redes sociales!

PARA IR MÁS ALLÁ

FUENTES BIBLIOGRÁFICAS

- Barber, Paul. 2013. "Emergent Coaching – a Gestalt Approach to Mindful Leadership". *Gestalt in action.* Consultado el 7 de mayo de 2014. http://www.gestaltin-action.com/
- Barber, Paul. 2012. *Facilitating Change in Groups and Teams: A Gestalt Approach to Mindfulness.* Oxfordshire: Libri Publishing.
- Barber, Paul. 2006. "Group as Teacher: the Gestalt informed peerlearning community as a transpersonal vehicle for organizational healing". *International Gestalt Review*, vol. 10, n.° 1.
- Bentley, Trevor y Sue Congram. "Gestalt a philosophy for change". *The space between publishing.* Consultado el 7 de mayo de 2014. http://www.thespacebetween.com/05_Downloads/Gestalt_Philosophy.pdf
- Branam, Kenan. 1999. *Gestalt Perspective on Media.* Consultado el 7 de mayo de 2014. http://www.branam.com/gestalt/gestaltmedia.shtml
- Colectivo. 2014. "Définition théorie gestalt". *Le dico du marketing.* Consultado el 7 de mayo de 2014. http://www.ledicodumarketing.fr/definitions/theorie-gestalt.html
- Ginger, Serge. 2007. *La Gestalt: l'art du contact.* París: Marabout.
- Ginger, Serge. *Qu'est-ce que la Gestalt?* Consultado el 7 de mayo de 2014. http://www.licorne-formation.com/media/a898a76_gestalt1.pdf

- Liotas, Naoum. 2013. "Gestalt Practice and Arts-Based Training for Leadership, Innovation and Change Management Skills". Trabajo para la conferencia NHIBE 2013. Consultado el 7 de mayo de 2014.
- Liquori, Ester. 2001. "The Close Relationship Between Gestalt Principles and Design". *InstantShift*. Consultado el 7 de mayo de 2014. http://www.instantshift.com/2011/09/19/the-close-relationship-between-gestalt-principles-and-design/
- Moors, Carolein. 2011. "A Gestalt Approach to Organizational Consulting and Personal Development". *Change and Leadership United*. Consultado el 7 de mayo 2014. http://caromoors.blogspot.be/2011/03/gestalt-approach-toorganizational.html
- La terapia Gestalt. Consultado el 7 de mayo de 2014. http://www.gestalttherapy.net/
- Gestalt International Study Center. Consultado el 7 de mayo de 2014. http://www.gisc.org/
- Rosenthal, Victor e Yves-Marie Visetti. 1999. "Sens et temps de la Gestalt". *Intellectica*. Consultado el 7 de mayo de 2014. http://cogprints.org/833/3/GestArt.pdf
- Siminovitch, Dorothy. 2013. "Practicing Gestalt". *Coaching World*. Consultado el 7 de mayo de 2014. http://gestaltcoachingworks.com/pdf/PracticingGestalt.pdf